DISCOURS

PRONONCÉ

par M. AYASSE

Président honoraire

Maire de Curbans

LE 16 DÉCEMBRE 1901

AU BANQUET OFFERT A M. DE LA TRÉMOÏLLE

PAR LES DÉMOCRATES DE CURBANS

DISCOURS

PRONONCÉ PAR

M. AYASSE

PRÉSIDENT HONORAIRE

Maire de Curbans

LE 18 DÉCEMBRE 1901

Au Banquet Offert a M. de la TRÉMOILLE

Par les Democrates de Curbans

Monsieur,

Nous vous remercions d'avoir bien voulu rompre le pain avec nous. Vous avez conquis les sympathies de toutes les personnes qui vous ont approché ; vos titres n'effraient plus les sentiments démocratiques. Votre candidature à la Députation est un gage de plus de la solidité de la République ouverte à tout le monde, et qui est le Gouvernement de tous par tous. Monsieur votre père occupe une belle place dans un des corps les plus savants de France et je puis dire du monde, et vous, Monsieur, malgré votre grande fortune vous avez cherché la jouissance de la vie dans l'étude et le travail. Des hommes de votre valeur ne manquent pas à leur parole. Vous vous présentez comme Républicain et si la République était en danger vous la défendriez.

Sous le Gouvernement de tous et par tous il est permis à chacun de faire de la politique et vous me permettrez de dire quels me paraissent les vices du char de l'Etat, et de quelle manière, dans ma pensée, il faudrait y remédier. Ces deux grands vices sont : la confusion de l'exécu if et du législatif, ainsi que la durée éphémère des Ministères. Les Ministres pour vivre ont besoin de la confiance des Députés, s'ils ne veulent pas s'exposer à un vote de blâme et il n'osent rien leur refuser ; aussi chaque Député bien pensant ou du moins votant pour le Ministère s'adjuge tous les pouvoirs des Ministres. Il casse, il brise tout ce qui le gêne. Il lui faut dans les fonctions publiques non pas des hommes soucieux de leur devoir, mais des esclaves se faisant les exécuteurs de leurs rancunes électorales, sacrifiant les intérêts les plus sacrés pour montrer la puissance du Maître et faire trembler ceux qui ne se sont pas prosternés à ses pieds, et leur faire comprendre que s'ils veulent avoir la faveur du Maître il ne leur faut d'autre mérite que de savoir crier en tout et partout : Vive notre Député.

Je vais vous donner un exemple de ce système qui constitue le despotisme le plus honteux que la France ait jamais subi ; et qui mène notre belle Patrie aux abîmes. Je vais vous en donner un exemple frappant connu de tous les habitants de cette commune. Je vais être obligé de parler de notre Député. Je ne profiterai pas de son absence pour en médire ; car il sera un des premiers à connaître mes paroles. Je me bornerai à faire le récit succinct de la campagne de Curbans, de M. Hubbard pour démontrer le bien fondé de mes prémisses. L'année dernière, le Conseil Municipal de cette commune, voyant son village, perché sur un rocher, tomber en ruines, par suite des frais d'exploitation que lui créait sa situation, faute de chemin pour y aboutir, et voulant mettre un terme aux dépenses ruineuses de fermage pour les écoles, s'adressa à l'Administration Préfectorale, qui fit un accueil bienveillant à sa demande. MM. le Sous-Préfet de Sisteron, l'Ingénieur Marquetty, l'Inspecteur des Écoles Primaires, l'Agent-Voyer de Turriers, qui a sous sa

[...]ison, ainsi qu'une peti[...]
[...] simple aménagement un groupe scolaire [...]
[...]ble au point de vue des exigences pédagog[...]
[...]ouvèrent même qu'on pouvait créer une jolie c[...]
[...]création pour l'école des filles dans un angle du ch[...]
[...]rojeté... Comme ces deux projets se liaient, le Maire [...]
M. l'Ingénieur Marquetty de vouloir bien être l'Arch[...]
Communal pour l'aménagement de la maison d'école, [...]
réserve d'être autorisé par M. le Ministre des Trav[...]
Publics ; laquelle autorisation fut accordée sur la dema[...]
de Monsieur le Préfet. Les promesses les plus forme[...]
furent faites pour la soumission de ces projets au Con[...]
Général à la session d'août. M. Marquetty fit dresser, [...]
sa direction, le projet d'aménagement qui devait être su[...]
du projet de rectification du chemin tant désiré. Sur la [...]
de l'Administration la Commune avait acquis la maiso[...]
aménager, et était en liesse. Notre joie a été de co[...]
durée. Les élections nous amènent Monsieur Hubbard, [...]
en minorité dans notre commune lors du scrutin. [...]
voyons aussitôt disparaître tous nos protecteurs, M. le P[...]
M. le Sous-Préfet, M. l'Ingénieur et M. Gral, à l'excep[...]
M. l'Inspecteur Primaire. Avant de partir M. Gral re[...]
M. Métour qui avait été nommé en remplaceme[...]
M. Marquetty, ses travaux pour l'aménagement du loca[...]
il s'agit. Ses honoraires furent payés sur la proposi[...]
M. Métour. Ne recevant plus aucune nouvelle de ces [...]
qui devaient êtres soumis au Conseil Général [...]
à M. le Sous-Préfet, à M. l'Ingénieur, à M. l'In[...]
Primaire. Aucun de ces Messieurs ne m'honora [...]
réponse. La session du Conseil Général passe et e[...]
septembre M. le Député Hubbard et M. l'Ingénieur [...]
arrivent chez moi au moment où j'arrivais de la cha[...]
renonce à décrire ce voyage grotesque. Il me fau[...]

[...] administratifs qui jetteront un jour sur certaines [...] [...] et qui prouveront l'urgence de faire cesser [...] [...]sion de l'exécutif et du législatif. Pour le moment je [...] très bref ; j'arrivais au pied de mon escalier lorsque [...] Hubbard était au sommet, et M. Métour au milieu. [...] Hubbard me présente M. l'Ingénieur, à qui je présente [...] salutations, et auxquelles il ne prit pas garde. M. Hub[...] [...] me dit qu'ils étaient venus pour visiter l'école et qu'ils [...]ient pressés. Je me mets immédiatement à leur disposition, [...]vais en courant chez la propriétaire de la maison à visiter, [...]rive au devant du local à examiner, ou étaient déjà [...] Hubbard, M. Métour, l'Institutrice et d'autres femmes. Je [...]annonçai que les clefs allaient arriver et M. Hubbard [...] dit : « nous n'avons que trois minutes à vous donner ». La [...]priétaire arrive peut-être une minute après. Ces Messieurs [...] parviennent à la fontaine, reviennent sur leurs pas, [...]trent dans la maison, entrent dans la salle d'école, et là [...]tour me dit d'un ton sec et très bourru : « hé bien que [...]-vous ? » — « Vous le savez bien, répondis-je. Il y a long[...] que vous êtes chargé de cette étude », et, M. Métour [...] prononcer d'autre parole, sans mettre le nez à la [...] sans regarder la largeur et la hauteur de la salle, [...] le suis de très près en lui disant : « voici les autres [...] pour le logement de l'Institutrice ». Il descend rapide[...]scalier ; je le suis toujours de près et arrivé, à la [...] lui dis : « Maintenant, Monsieur l'Ingénieur, il faudra [...]re quelques escaliers pour arriver au logement que [...]tons aménager pour l'Instituteur, qui est déjà son [...] par fermage depuis longtemps ». [...] sans me répondre. Je jette un regard en arrière [...] si M. Hubbard, qui n'avait jamais prononcé une [...]nous suivait. Son visage était radieux. Je m'attache [...] pas de M. Métour et en arrivant sur la place, je ai dit : Avez-vous, Monsieur l'Ingénieur, pensé au projet de rectification du chemin que nous avons demandé ? Je puis vous faire voir d'ici le tracé que nous désirons. Se tournant vers Monsieur Hubbard, M. Métour dit : Vous savez bien que ce projet a été fait et que s'il n'y a pas été donné suite, c'est parce que le département n'a pas d'argent. Il savait bien que ce projet n'avait pas été fait. Nous descendons la pente du village. Je n'étais pas content et je ne pus m'empêcher de dire : La Commune n'a pas gagné au change par le remplacement de M. le Préfet, de M. le Sous-Préfet, etc. M. Hubbard me dit : Mais, Monsieur le Maire, si j'ai changé le Préfet, c'est qu'il négligeait les affaires du département. Je lui avais écrit une lettre à la date du,... à laquelle il ne répondit qu'à la date du,...

Après de telles paroles, il n'y a rien à ajouter. Ce serait affaiblir la démonstration que j'ai faite de l'utilité qu'il aurait à faire cesser la confusion de l'Exécutif et du Législatif et à donner au pouvoir plus de force et de dignité pour résister aux agissements et aux bouleversements que je viens de narrer, et dont je n'ai pas encore pu comprendre la profondeur de conception en ce qui concerne notre Commune, où les amis de leur village ne peuvent plus voter pour celui qui s'en est montré l'ennemi.

J'arrive à la seconde partie de ma proposition : la durée des Ministères. Jamais à aucune époque de l'Histoire de France n'avait plus eu besoin de grands Ministres. Par les évolutions du siècle dernier, il s'est formé dans l'État de puissants états qui ont une armée de fonctionnaires, manient des milliards, ont le monopole des transports, s'occupent surtout d'augmenter leurs dividendes, ont des tarifs élevés, nuisibles surtout aux paysans. N'y a-t-il pas aussi ces sociétés qui font à leur gré la hausse ou la baisse du blé aux dépens qui ? du paysan ? N'y a-t-il pas ces sociétés qui exportent le vin français, après je ne sais quelles manipulations qui l'ont perdu de réputation : qui en souffre : le paysan.

N'y a-t-il pas toujours des sociétés nouvelles qui se forment au détriment du paysan ? La Société des Salins du Midi, tant qu'elle a craint la concurrence, nous donnait le sel à bon marché et aujourd'hui qu'elle est toute puissante, elle l'augmente au détriment surtout du paysan, à qui le sel est aussi indispensable à ses bestiaux qu'à lui même. Les Ministres pour faire des lois punissant la fraude et ramener la confiance, empécher les agioteurs et les milliardaires d'écraser le paysan, auraient besoin de durer. On voit les ministères tomber sous la parole d'un Député mécontent qui fait alliance avec d'autres mécontents et les ennemis du Ministère. Un Ministère qui veut vivre quelque temps est surtout obligé de satisfaire des passions et des rancunes et de laisser en suspens ce qui a été commencé par les Ministères précédents. Voulez-vous en avoir un exemple frappant, ouvrez la fenêtre : regardez du côté de Saulce ! Vous verrez les travaux du Canal de Ventavon, commencés depuis longtemps, et depuis longtemps suspendus. Si le Ministére qui avait conçu et commencé d'exécuter ce projet avait vécu, le terroir de Ventavon et des autres villages, jusqu'à Sisteron, désolés par la sécheresse, seraient verdoyants et riches. Consultez l'Histoire de nos jours et des temps anciens, vous verrez que la durée des Ministères a fait la grandeur des Rois et des Peuples. Le Ministère Cavour a fait l'unité de l'Italie, le Chancelier Bismark a fait l'unité et la grandeur de l'Allemagne. La durée des Ministères a fait bien grande la République des Etats-Unis.

Pour moi tous les cœurs généreux qui veulent la grandeur de la France doivent chercher les moyens de mettre au pouvoir des hommes capables, intègres et fermes, sachant sauvegarder les intérêts de tous. Le salut de la République ne peut être assuré ni par l'extrème droite ni par l'extrème gauche. L'extrème droite ne cache ni ses désirs, ni ses vaines espérances ; mais l'extrème gauche seule détruira la République si elle arrive au pouvoir. Le Collectivisme ou Commu-

... [illegible] par les paysans ... [illegible]
[illegible] pour mettre en commun l'exploitation et
distribuer les produits. Et l'autre système que ...
entendu développer, à savoir que tous ceux qui ...
revenu inférieur à 3.000 fr. ne payeront pas d'impôt, ...
sérieux ne peut s'y arrêter ; et si un pareil projet éta...
ce serait la fin de la République. Je ne sais combie...
aurait en France de contribuables ; mais sur quaran...
lions de Français, il y en aurait guère moins de cinq m...
qui s'empresseraient de porter leur argent à l'Etrange...
cacheraient, et alors la France, comment assurerait-el...
services publics ! et comment payerait-elle ses trente m...
de dettes ? Par la banqueroute ! Un dictateur vie...
alors sous les apparences d'un sauveur nous ...
de ce chaos, si nos ennemis n'en avaient p...
profité pour nous réduire en esclavage. Ce n'est don...
Centre, dans le groupe progressiste, où vous serez su...
les cœurs des paysans sages, modérés, qui aiment l...
et la Patrie que vous irez ; ils vous suivront surtout...
leurs vœux au groupe agraire, qui se formera. Les ...
sont les plus nombreux, ils connaîtront leur p...
sauront combattre les exploiteurs qui les ruinent.

Je termine en criant : Vive les Paysans ! Vive l...
de la Trémoïlle ! Vive la République et à bas les Tyra...

Imprimerie CONSTANS et DAVIN

DIGNE — 68, Boulevard Gassendi, 68 — DIGNE

www.ingramcontent.com/pod-product-compliance
Lightning Source LLC
Chambersburg PA
CBHW061857080726
47597CB00010BA/4274